ADELA SOTO ALVAREZ

LOS HILOS DE LA DEMENCIA

POESIA

LOS HILOS DE LA DEMENCIA
POESIA
ADELA SOTO ALVAREZ

ISBN: 9798629239291

Autor. Lic. Adela Soto Álvarez

Revisión. Adela Soto Álvarez

Edición. Adela Soto Álvarez

Diseño de Portada. Adela Soto

Número de Pág. 139

Editado. Por Amazon.com

Kindle Direct Publishing

EE. UU

Me creía la más fuerte de todas las mortales, y me arrastro increíblemente

Sé cómo el pájaro que, deteniendo su vuelo un rato en ramas demasiado débiles, siente cómo ceden bajo su peso y sin embargo canta, sabiendo que tiene alas

VICTOR HUGO

LOS HILOS DE LA DEMENCIA
POESIA
ADELA SOTO ALVAREZ

LOS HILOS DE LA DEMENCIA, es la recopilación de poemas de diferentes épocas entrelazados en una temática donde se encierra una pasión excéntrica repleta de tropos literarios donde la fuerza poética es un fuerte eslabón que los ata.

Pudiéramos decir que esta poesía que hoy nos invita a conocer la escritora cubanoamericana Adela Soto Álvarez, lleva en cada verso un grito y una lágrima donde el amor, la sociedad, y los golpes emocionales representan la filosofía de quien no puede dejar de decir, pues de lo contrario no tendría quien la salve.

Dejo al criterio de los lectores este nuevo poemario inspirado desde el lugar más profundo de sus sentimientos.

Si lloras por haber perdido el sol, las lágrimas no te dejarán ver las estrellas

Rabindranath Tagore

LOS HILOS DE LA DEMENCIA
POESIA
ADELA SOTO ALVAREZ

EN MI REINO DE PAPELES

En mi reino de papeles y sombras

Se alza majestuosa

La antípoda

De todos mis desvelos

Se cosechan lágrimas

Con limón y mastuerzo

Sepultando el pasado

Y viviendo un presente

Sin futuro

En mi reino de papeles y sombras

Pulula la penumbra

Más sórdida

Vegeta el dolor

Se apagan los vergeles

Y se aferra el más profundo miedo

También existen sogas iracundas

Somníferos

Y sedantes

Entre un tumulto de lágrimas

Y desconceptos

El corazón atónito

Por más de veinte siglos

Sin pausa ni asueto

Carretas con caballos sedientos

Pasan sonando la lata

Chirrean las calles

Gritan las espuelas

Llenas de sobresaltos

Tiran de la muerte.

Rostros embotados,

Ojos de culebra

Y otros apéndices

Padecen del mismo desespero

Todo envuelto

En ese olor a estiércol pueblerino

Ofertando sin derecho.

La mañana sin pan.

Mi madre triturada por gusanos

De tierra

Mi padre, hecho polvo

En una miserable caja de cartón

De inerte colorido.

Mis hijos como zombis

Mis nietos agrietados

Mis amigos perplejos

Y yo.? dónde estoy yo?...

En una ciudad vacía,

Con los ojos vacíos,

¿Con las alas cortadas?

¿Cubierta por el gran fango?

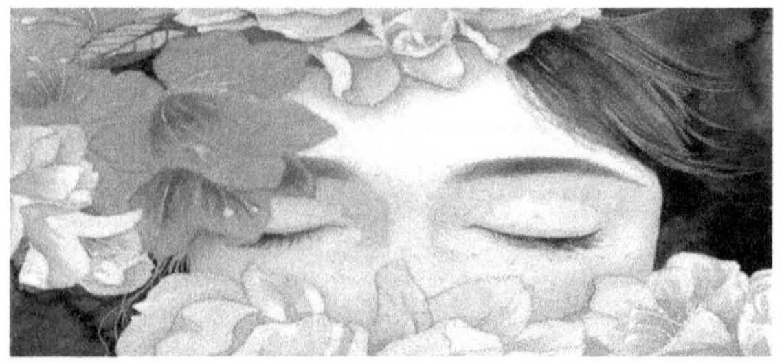

MALEFICIO

Ni sumergiéndome

En las siete potencias africanas

Haciendo cruces sobre

Babalaos y brujos

Buscando a Odín

En todas las catacumbas

Pelando mis rodillas

Y mi voz

Lograré destruir

El maleficio

De las plumas de gallina negra

Con pesuñas de gato

Lanzadas corazón adentro

Desde la era cuaternaria

Por eso ando así

Sin ojos

Ni alas

Expuesta y sin aliento

Tal vez

Ni exista

Y lo que sea es vegetar

En mi propio cuerpo

Mujer llena de bridas

A galope tendido

Sobre los farallones

Con el amor suelto

Atropellado

Difuso

Metido en posibilidades

Que no germinan

Forzuda de mi

Que malvivo tragándome

La píldora

De cepo en cepo

Mientras el mundo se alborota

Los noticieros lanzan pánico

Criterios desorganizados

Y el hombre continua el paso diagonal

Sin encontrar la madriguera

Ni yo tampoco.

PLAGA

Alarmas y más alarmas

Penetran los azogues

De la capa más fina

Todo permanece plagado

Entre tormentas y desplomes

No vale ser lisonjera o virgen

La plaga no entiende

De diferencias

Tampoco los murciélagos

Que permanecen colgados

Mordiendo su propia costra

Aldeas desplumadas

Manifestaciones de horror

Mutación y contagio

Sangre y fuego

Fuego y sangre

Inyectadas en las pupilas

Menos laicas

Ni las aves de corral

Se escapan

De este destructor

Que no respeta fronteras

Ni especies ni colores

Saca las uñas

Lanza estandarte

Entre mascarillas y brebajes

Todo bajo un júbilo mortífero

Muchos duermen en el patíbulo

Incluso extranjeros y barcazas

Atadas con lazos y balines

Afanados en desplumar

Las billeteras

Unos afirman que la rabia

Se trasmite por las uñas.

Por eso está prohibido respirar

Ni toser

Ni estornudar

Tampoco permiten

Aullidos

Estamos en letales circunstancias

Todos con la marca

Que atrapa pueblos

Ciudades

países

Toda la humanidad

A dentelladas.

Mientras se embriagan

Los tabúes y las sogas

Y el hombre continúa

Siendo títere

De una mole

Sin prórroga

Dentro de un estallido universal

Que aterroriza los aleros

SIN RUMBO FIJO

Entre el murmullo

De los pájaros en bandadas

Comienzo a caminar

Sin rumbo fijo

Ellos vuelan sobre mi cabeza

Mi cabeza vuela con ellos

Hay agua en los cristales

Pedruscos y sobresaltos

Ni una gota de consuelo

Todo apagado

Minusválido

Hablan de las pandemias

Que inocula el aire

Del hambre generalizada

Escupiendo el gran desastre

Garroteros disfrazados de niños

Palean las buenas nuevas

Sin darse cuenta

Que la vida termina

En ese pedazo de tierra adormecida

Donde la diversidad no existe

Ni la mano en el hombro

Lava y volcanes

Chirriar y más chirriar

Puertas oxidadas

El garrote empuñado

Por si alguien se desvía

Apelamos al cielo

Rompemos las rodillas

Estamos todos maldecidos

No importa que llegues

A Himalaya

Ni voltees los botes

Al mar no le caben más cadáveres

El corazón también está repleto

Velas encendidas

Profanaciones

Y el tumulto desesperado

Entre una callejuela y otra

Sin advertir

Que un mundo sin fe

No puede penetrar

El ojo de la aguja

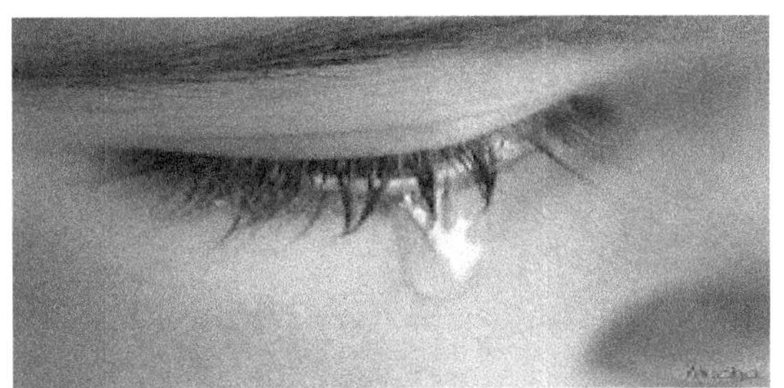

INGRATITUD

Ya no espero nada

Ni hoy, ni mañana, ni después

La vida se agolpa

Cerca de la ladera

Por donde pasa es escuadrón

De moribundos malolientes

Yertos y sonámbulos

Nadie dice nada

Nadie los ve

O no quiere verlos

Fueron carne de cañón

Y ahora se engalanan

De tener buena suerte

¡Que ingratitud!

Así bambolean lo que no tienen

Aplastando

Penachos originales

Creyendo

Que nunca caerán

En el gran miedo

Que fecunda a diestra

Y siniestra

Al arcoíris

Que sale para todos

Ladinos y pendencieros

Piensan

Con los dedos de los pies

Y caminan

Con un pedacito de cerebro

El mismo que van dejando

En los laberintos del camino

Ya no espero nada

Ni hoy, ni mañana, ni después

La vida se agolpa

Cerca de la ladera

Ya no queda tiempo

Para rescatarla.

DONDE LA VIDA SE AMONTONA

Agredida por la inquisición mundana

Donde no siempre

Dos y dos son cuatro

Persisto

Anudada a innumerables décadas

Sin cobija

Ni dueño

Esclavizada al mismo hechizo

Que por mucho que lo atice

No despunta

Cruzó la pradera

Donde la vida se amontona

Conozco cada día más

Del torbellino del hambriento

Su color a espuma blanquecina

Hacen jaque

Demonios y faranduleros

Llenando mi última voluntad

¡Qué injusticia

La de los trúhanes

Edulcorando la quinta sinfonía

Con los ojos metidos

¡En la peor de las lujurias!

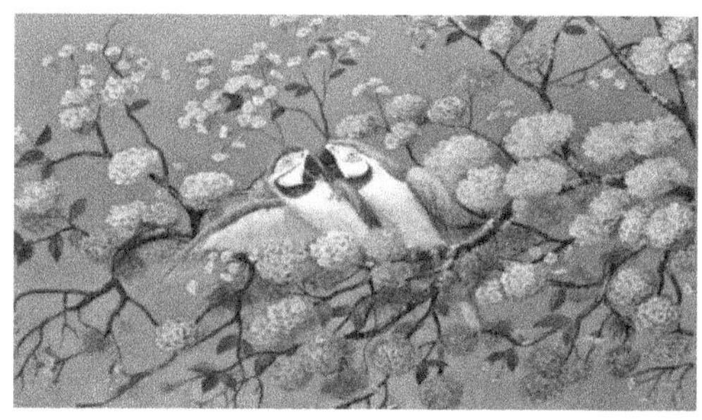

PALOMA O BUITRE

Todos sabemos

Qué el mar se ha vuelto loco

Lleno de peces convertidos en
pirañas

Abierto a tantas dudas

Mientras sin perdón

Nos lanza los boquetes

De su boca telúrica

¡Pobre de los alfareros de este tiempo

De los magos convertidos

¡Sin saber de credo!

¿Será por eso por lo que me crece la ponzoña

Y unas veces soy paloma y otras buitre?

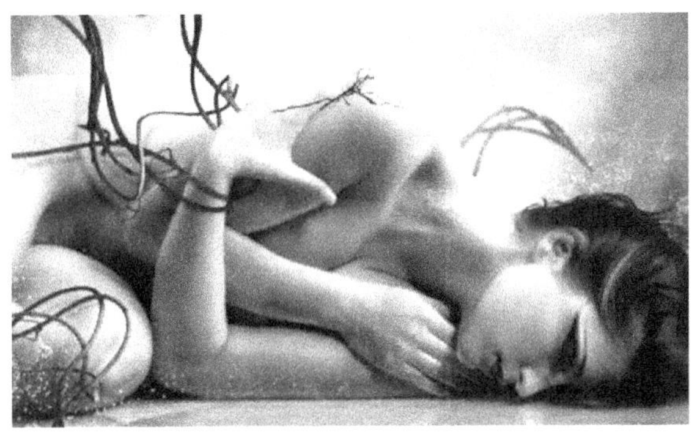

PROFECIA

Qué sucede en los intersticios

Más profundos

Un mar de leva

Se ha empeñado

En derribar lo poco que nos queda

No importan los cuidados

Junto a ellos está la parca

Hambrienta

Y apurada

Graznando su prepotencia

Por la hendija

Luchan incansablemente

Gusanos y vampiros

También hay una soga

Con nudo de barco

La tierra convertida en cepo

Mis amigos y enemigos

También pululan asustadizos

Sujetos a las profecías

En su desatino

Leen el Corán

La Santa Biblia

El rito de los beatos

El Kamasutra

Y hasta Freud

Por si acaso

Sacuden la cabeza al son

De la complicidad

Semiermética

También estoy junto al camino

Haciendo cruces

Entrevistando a náufragos

Delincuentes, narcisistas, y payasos

Tiendo mi mano

Empino el optimismo

Que no llevo

Mintiéndome a mí misma

Para después ir a morir

De espanto

El azogue se desparrama

En estos ojos fijos

Uno desmoronado

El otro a punto de caer

Corceles llenos de lozanía

Cruzan frente al cadalso

La muchedumbre sigue

Muerta de sed

Sin encontrar el pozo

Ni el río

Mucho menos la laguna azul

Ni la salvación del pecho

Alguien se afano

Después huyo despavorido

Le prohibieron la estancia

Aunque con sus manos ambiguas

Y calor intermitente

Calmaban de vez en cuando

El mar continúa abriéndose

Poseidón no cree en rezos

Ni plegarias

Los abatidos también

Han perdido la fe

Caminan llenos de fracasos

Y tempestades

En los últimos informes

Nos enteramos de la pérdida

De Loina.

Dejo la cobija

Y se fue a otros mundos

De donde fue expulsada

A los ancianos no los quiere nadie

Dicen que apestan

Hablan boberías

Un día están en el pasado

Y otros en el presente

Con la mirada perdida

A mí me pasa lo mismo

Quizás más de lo mismo

Agonizo

A pesar de fármacos

Y consejos

La realidad es irrefutable

Los yelmos ofenden la perspectiva

Los viejos necesitan de la odalisca

Aunque las arrugas le lleguen al
arrojo

Qué sucede en los intersticios

Más profundos

Un mar de leva

Se ha empeñado

En derribar lo poco que queda

Tú yo él y ella

En la misma discordia

Entre un frío implacable

Enfrentado diariamente

La maldición

Que acosa sin piedad

A los espejos

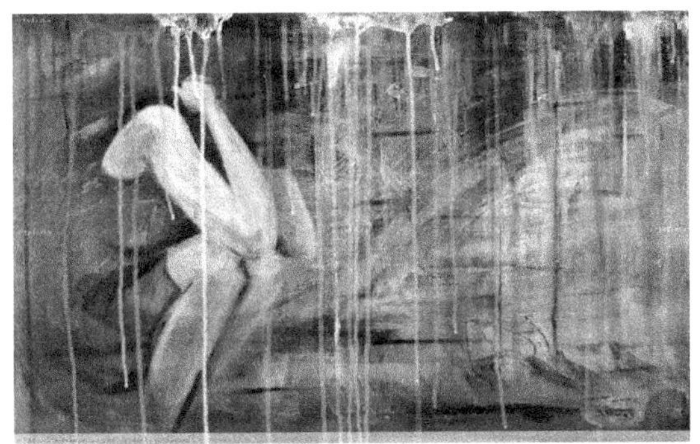

ESCOMBROS

Escombros a granel

Ciempiés de tres cabezas

Y la guerra troyana

En medio de un supuesto Oasis

Remiendos y mordidas

Como huellas indelebles

Fueron y son las dadivas

Que deparo el destino

La noche de los truenos

Por eso fuimos a parar

A la lengua del pueblo

Por eso los alfileres con pedazos

De armadillo

Lanzados en la puerta

Las huidas

Las llamadas anónimas

Y el desdén en la poca estadía

En el fondo

Era un miedo terrible

Cobardía

Sin amparo

Y allí estaba el cuerpo

Solitario

Y marchito

Lleno de culpas y ultimátum

Mientras le chupaban

La entrañas

Ahora mugen las horas

Y el cerebro almacena

Mientras el dolor

Se vuelve inerte

De tanto asombros

Y disparates

HERRAJES

Herrajes al por mayor

El viento lisiado

Las efemérides tomando

La delantera

El cuerpo hundido

En la parte más minúscula

Casi no se puede

Percibir

Si existe una mujer

O es un garfio

Que arrastró la marea

No llega ni el más leve sonido

Tampoco alivio

Aun se sienten los sablazos

La risa del verdugo

Y los virios

Dejando sus aullidos

Alguien corto los días

Y los meses

Rego un sabor a descalabro

Extravagante

Por eso voy y vengo

En el mismo lugar

A veces me disipo

En la quietud

De mi propio desatino

Trato de ahogar

Los golpes a la estima

Las batallas inciertas

Las noches de reniegos

Tu orgullo incinerando

Todo lo que nacía

La muerte en espiral

Sofocando al destino

Y quedamos apagados

En un angosto umbral

Donde no llega oxígeno

Donde los dos perdimos

CREYENDOTE ORIGINAL

Aparezco y desaparezco

Con la misma letanía

Creyendo fuimos

Y no fuimos nada

Tan sólo el milagro de la mente

Metido

Seguro de poder salvarse

Colgado a una angustia

De siglos

Creyéndote original

Y eras una mala copia

Dentro de un valle de mezquindad

Profundo y acantilado

A pesar de todo

Te icé a un pedestal

Te adoré con cirios y pimpollos

Lamí tus plantas

Al son de bofetadas y desdenes

Qué quedó de mi

Después del bombardeo

Dónde fui a parar

Escuálida y rabiosa

Creyendo que me esperabas

O que te espero

Si nunca fuiste cuerpo

Ni sonrisa

Tan sólo un triste sueño

Paranoico

ES HORA

Un as de basto

Lleno de plumas amarillas

Tintinea desbocado y confuso

Es hora de ajustar las cuentas

Pagar la deuda

Si estamos a tiempo

La marea se enraíza

Sobre los pedazos de inmodestia

Y nos vamos convirtiendo

En peces sin voz

Aunque creamos lo contrario

La inmadurez nunca termina

Por eso no queremos

Mirarnos al espejo

En él hay muchas verdades

Demasiado injustas

Para cualquiera

Que comience a transformarse

Una mueca hoy

Otra mañana

Y el tridente clavado en la pupila

Así comienzan los insomnios

La demolición

Del ojo ajeno

Porque aún no han cruzado

La frontera

Ni han perdido el color

Y se creen unipotentes

Ante los descarrilados

Cerca al caparazón

De la momia Egipcia

Condenada por un mordisco

Por eso caminamos

Con la cruz a cuesta

Entre un montón de frutas prohibidas

Y palabras secas

LOS HILOS DE LA DEMENCIA
POESIA
ADELA SOTO ALVAREZ

REALIDAD

Metidos en un zurrón

Con el pecho abierto

Y la mirada nula

Deambulamos

Inseguros

A pesar del salvo conducto

Que legamos

Al llegar

A este deplorable recinto

Llenos de reflejos turbios

E inmundo olor

Arrastras

Vamos sin destino

Las nubes nos expían

Nos maldicen los astros

Todo es un ir y venir

Sobre la cuerda floja

Sirviendo de ratones

De laboratorio

Miserientos

Y mancillados

Que ya es mucho decir

Al final no queda sortilegio

Nos vamos aplastados

Llenos de musarañas

Sin perdón

Y si con mucho olvido

Después todo queda

Metido en una caja

Guardada en un rincón

O lanzada a las aguas

A cargo de la corriente

AL FINAL

Al fin salieron las causas

A todos los desplantes

Incluyendo las palabras

En cruces

La histeria

Y la profanación

A la autoestima

Quién lo iba a imaginar

Tanto orgullo

Rompiendo el vaso

Los oídos llenos de torpederos

Las noches

Aisladas

Imaginando

Creyendo

Afirmando

Una desviación del esqueleto

O tal vez una demencia

Precoz

Ahora estamos iguales

O por lo menos

Lo creemos

Y eso nos basta

Para respirar el aire

Citadino

Y creernos capaces

De derribar los fuegos del dragón

Y sus aliados.

SOPLO VITAL

Avanzar o retroceder

Creer que rectificamos

Pasarnos horas balbuceando

La misma letanía

Meternos en el rompeolas

Regresar ilesos

Caminar sobre la arena

Con los pies en la nuca

Y el corazón por fuera

Borrar los pasos

Y los golpes

Yo queriendo

Tu sin querer

Una sonrisa llena de castigo

Con el pecho agujereado

Cansados de producir versos

Sin ritmo ni prosodia

Tan sólo porque una vez

O dos

Latimos al mismo tiempo

Apoyados en un estéril deseo

Ese mismo que deambula

Como sombra

A destajo limpio

Cuando realmente

Tenemos un sueño

Ligado a una misma energía

Donde los textos son ríos

Intensos y tibios

Rompiendo con fuerza telúrica

Y rítmica

El mismo enigma

En espera

De un minúsculo instante

Donde reviva para siempre

Ese soplo vital

Que acerque a nuestros pies

El horizonte.

FRENTE AL CREPUSCULO

Una vez más

Frente al crepúsculo

Desolado

La arritmia

Ocupando los minutos

Los minutos sobre

La nuca

Todo aplastado

Por un silencio

Demasiado severo

Que aturde

Y lleva al precipicio

No existe tregua

Todo continúa

Atrapado

Entre una mentira sórdida

Los hombres se ovillan

Sin consuelo

Los niños

Huérfanos de principios

La calle ahogada

Los penachos incoloros

Y la voz del buitre

Más fuerte que nunca

Qué podremos hacer

Con tanta podredumbre

Inarmónica

Descompasada

Llena de grillos

Y fantasmas

El miedo metido

Hasta la última vertebra

Un frio inconsolable

Llena las paredes y los pisos

Vagamos entre el estiércol

Y las aves de rapiña

¡Hasta cuándo esta soledad

¡Llena de ruidos!

**El dolor nos contagia
irremediablemente**

No queda ni un vestigio

De cordura.

CADALSO

El rostro cabizbajo

Esperando la luz de las crisálidas

Empeñadas en sulfatarse

Metida en un extraño silencio

Casi síndrome

Casi derrumbe

Mientras toda la algarabía

Se mete en mis oídos

Como una estaca llena de intervalos

Y de cuando en cuando

Una limosna

Creyendo así

Calmar las telas de arañas

Amotinadas al centro de la puerta

Mientras los jugadores

Apuestan por mi único ojo

Un trofeo uniforme y pestilente

Casi igual o igual

Que los extraídos de la Patagonia

Titilan una luz incandescente

Hincando sus espuelas

Al mismo centro del pecho

Por eso continuo aquí

De bruces

Unas cuantas veces

Y otras imitando al reptil

Peldaño abajo

Están ocultos los huesos

La cava superior izada

La aorta intrépida

Empollando nuevos infartos

Todo con su peso aplastante

Arrancándome la túnica

La sangre corre

Hace hoyos

Un grupo de beatas

Limpian los hoyuelos

Y se calma el grito

Al pie del cadalso

LA ULTIMA CATACUMBA

De ti nada se sabe

Desde la última catacumba

Que construimos juntos

Donde guardaste tus falsedades

Jurándome eran polluelos fénix

No hubo tregua

Y si mucho desatino

En tus ojos de gavilán iracundo

Después

La muerte

Con sus flacos calizos

Cayeron en manadas

Aparentemente celestial

Mientras toda la mendicidad

Fue tapando el hueco.

Y yo aferrada y sumisa

Recogía pasto

Y las plumas desprendidas

De las aves de paso.

Por si me sorprende la muerte

Contando aleros y barbacoas

Me obsequie un poco

De su color grisáceo

Sin clavarme el tridente.

CONFESION

No te asombres

Si te confieso

Que he vivido con ratas

Todas empeñadas

En cumplir con el oficio

De los malandrines, trepadores

Y excéntricos

Suerte

Que una noche sin luna

Fui condecorada

Por la lengua de los depredadores

Y uno que otro saltarín de tierra

Y decidí cambiar el agua

Por el limón

Mientras otros se despedazaban

Por atrapar la mazorca

Que lanzaban los elegidos

También confié mi caudal

A una alimaña

Que empapaba mis ojos

con el frenesí

De los mancebos del purgatorio

**Mientras se burlaba a mandíbula
abierta**

Y créeme

Nunca llegó el salvoconducto

Ni siquiera un goteo

Todos vamos a morir

Se leía en los gallardetes

Y ni siquiera un sorbo

De alas de palomas

Tan sólo un criterio

De marca mayor

Y el veredicto

De continuar

Viviendo con las ratas

CON LA LANGUIDEZ DE UN PERRO MANSO.

Puentes y muros

Frenos e imposiciones

Todos lanzados

A boca de jarro

Sin importarle a nadie

Si el pecho es taladrado

O simplemente

Se convierte en marioneta

Y así vamos

De escalón en escalón

Con ínfulas de gran sabio

El ojo rasgado

La mirada perdida

El llanto por dentro

El corazón entre la bomba de tiempo

Y un interminable quejido

Que va quedando sordo

Cuando los azogues se empañan

Un lamido

Una limosna

Hasta una patada

Te atiza

Y comienzas a arrastrarte

Entre un puntapié y otro

Con la languidez de un perro manso.

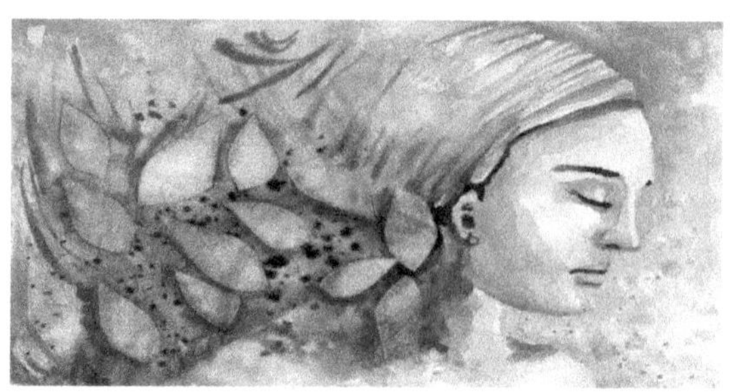

CUESTIONAMIENTO

Todo cuestionado

E imperfecto

Nada sobresale

Ante la observación severa

Si es que se ve

O sólo se piensa

Tras el humo indeseable

Que sale a borbotones

Sacando cuentas

Sumando intereses

Mancillando la feminidad

De las monjas del purgatorio

Mas longevas que Matusalén

Pero con alma y dientes

A pesar de la imperfección

Y el pecado capital

Solo por ser cursis

A la hora de la botija

Y llevar indelebles

Las grietas sobre la expresión

Esas no pueden perdonarse

Tampoco no tener cintura de avispa

O ser candidata a una pasarela

Para que magnates y vulgares

Vacíen su pudrición

PREDESTINADA

Predestinada a la hoguera

De la santa inquisición mundana

Todo el tiempo bostezando y tejiendo

Como poder escapar del desbalance

Y su escuadra de fetiches

Y minusválidos de mente

Voy agrietando mi rostro

Y mi voluntad

Digo

Si aún queda algún vestigio

Porque más bien siento

Que el vacío es más hondo

Un hueco helado

Lleno de empellones

Y torpezas

Con un gran deseo

De correr mil setecientas leguas

Y caer de bruces

De todas formas

Ando de bruces

Aullando y suplicando

A sonámbulos de sentimientos

Aguerridos y misioneros

De la crueldad

Limpiándole las botas

A un fulano

Que jamás donó una lágrima

Al dolor molido

Tan solo se hizo cómplice

Del descredito y su luminaria

**Por eso me duelen los cuatro
sentidos**

Porque el cinco

Fue apolismado

Con golpes a la autoestima

Qué será de mi

Me pregunto tantas veces

Qué será de las góndolas

Subterráneas

Del pirata de ojos de mar

De los acantilados del perdón

De las polillas de mis libros

Iracundos y lastimeros

Si casi no me quedan palabras

Ni eco

Ni siquiera

Ese duendecillo travieso

Que le llamamos orgullo.

TERRIBLEMENTE EXACTA

**Terriblemente exacta como realmente
soy**

Cruzo múltiples fronteras

Y no llego

A ese lugar donde me espera

El topo

En idioma infernal

Por eso me hago mil preguntas

Y suenan las respuestas como
ganchos

Un decreto cada día

Una alerta que sube y baja

Inoculando ese miedo de muerte

Que nos persigue a todos

Me siento con rabia

Ajada y melancólica

A pesar de los vientos futuristas

Y las tarjas a repetición

Sin contar el crematorio

Que no para de expulsar su humo

Encabritado

Dicen que el alma vuela

Confusa

Totalmente perdida

Yo no quiero volar

Pienso que no quedan alas

Ni diagnósticos nobles ni feroces

A la hora de la repartida

Me galardonaron con la mejor parte

Entonces por qué me quejo

Con tanto mal agradecimiento

Si soy mortal

Desobediente

A veces ave de rapiña

Y otros epítetos

Los espejos soltaron el azogue

Han llenado mi vista

De insomnios

Y tembladera

Me hundo en los herbazales

Donde defecan los perros

Doy vivas a un fulano

Que jamás he visto

Abro mi sudadera

Apestosa y silente

Sin que nadie se percate

Lanzo su pestilencia entre estribillos

Y reproches

Que nadie oye

Para al final

Arrastrarme una vez más

Hasta llegar a Constantinopla

Atormentada y confundida

Con un ojo menos

Aferrada a la alforja de gritos

Donde los dromedarios tripulan

A pajarillos sin alas

Y el rostro de los hombres

Es un desierto

Amarillo y salado.

ENTRE SOMBRAS Y GUILLETES

Perdida

Con los huesos triturados

Y múltiples desgarros

Por fuera y por dentro

Avanzo entre sombras

Y grilletes

Destapo cloacas y hervideros

Degüello al lobo

Regreso sin voz

Al mismo recuadro

Angosto y puntiagudo

Que herede

De las sanguijuelas

Amaestradas

Por jenízaros

Y arrogantes

Los ojos de carbón

Mutilan las figuras

Que aparecen

Por eso es por lo que presiento

Que no siempre se nace

Entre el dedal y el hilo

Mucha tarabilla

En espera del primer sortilegio

Para después lanzarse

Otros nacen de madera

Colgados al algarrobo

Y de allí los sacan

Los huérfanos de la piedad

**Llenándolos de esquirlas y
disparates**

Hoy amanecí confundida

Creyéndolo todo

Y no creyendo nada

Me asomo al cristal descompuesta

Y torpe

Miro y no veo

Veo y no miro

Todo es la misma algarabía

Oportunistas y disfrazados

Esperando el último mandato

Para terminar de sepultar la esperanza

De todas formas

Nunca encontraremos el refugio

Ni la bandera blanca

TRAS LA PARED

Deforme

Casi mutilada

Con el caparazón destruido

Y las fuerzas perdidas

Navego entre los pastizales

De una panacea contaminada

Por las siete culebras

De la impiedad

Atizo el fuego

Y saltan pedazos

Entre una humareda

Aglutinada

Con picos de pájaros

Y patas de camaleones

Triturados

Recibo el beso de Judas

Envuelto en villancicos

Y palabras obscenas

Veo como aumentan las rayas

Tatuadas con piedra de esmeril

Y otras sustancias

A veces creo que soy yo

El rostro se me parece

Detrás de las marcas

Hundido está el metal

Y las piedras preciosas

Aunque parezcan añicos

De cristal mundano

También tengo el estómago

Hecho partículas

Y batracios

En los dientes

Incoloros los labios

Molido el corazón

Al son de tres por cuatro

Todo indica que fui desposada

Más bien amortajada

En plena pubertad

Después partida en mil segmentos

**Por eso es por lo que no me
reconozco**

Dicen que algunos

Fueron a parar a los farallones

Y los más pequeños

Viven envueltos en notas semifusas

Con la sotana de los mil demonios

Trato de escalar hacia las nubes

Como todos

Todos afirman llegar

Yo nunca llego

Mis surcos no germinan

Tampoco hay sol en los canteros

Los trogloditas prendidos con alfileres

El villano con sonrisa de amuleto

Y el melodrama del tiempo

Hicieron un conjuro eterno

Para que sobreviva tras la pared

Espantada

Deforme

Casi mutilada

Con el caparazón destruido

Y las fuerzas perdidas

Navego entre los pastizales

De una panacea contaminada

Por las siete culebras

De la impiedad

Más de mi entidad

Aun no sé nada.

AL VAIVEN DE LOS AZOGUES

Ahí esta

Profundo

Imposible de evitar

Rasgando la pequeña luz

El aletear de vida

Los zumbidos macizos

E incoloros

Persistente en medio de la nada

El miocardio sujeto al esqueleto

El bumerán a puro ruego

Calcinado y sombrío

En la antípoda de sí mismo

Mas allá el puerto

Los peces

Los mares confundidos

El salitre aterrando a los muertos

El humo pálido

El cinturón atado al pergamino

Sin querer circular

Y sin importarle que la tierra estalle

**Ni estalle el estómago de los sin
nombre**

Solamente la Kaaba a la deriva

Archivando

El estupor y sus quejidos

Mientras el cielo

Nos empapa con sus nubes

Rojinegras

Tatuándonos el horror

Al vaivén de los azogues

ARSENAL DE CONFUSIONES

Zonas completamente perturbadas

Y un arsenal de confusiones

Imperan en este intimo reino
espiritual

Donde no existe selección ni
jerarquía

Y así pasan las horas más terribles

El Aguijón en medio de las cejas

La sangre bullendo

Con ganas de saltar

El miedo espeluznante

Amordazando el grito

Grietas y más grietas

Almacenan los azogues

Crece la yerba

Los peces se asfixian en el agua

Todo es miserable lastimero

El hombre lleva a Maquiavelo

En la mirada

Y en el pecho roto

Por la esquirla mayor

Se debate entre dos aguas

Salobres y edulcoradas

Los vicios se desbordan

Los pies pierden el freno

Toda su vida, en síntesis

Cae por el barranco

Donde las auras tienen su aposento

A pesar del canto de los grillos

Y el pregón del filibustero

MUJER CONFINADA

La mujer confinada

Camina insatisfecha

Demasiados pretéritos

La chancla al cuello

Y el montón de racismo

Clavado al mismo centro

Horas de vuelo

En zonas pantanosas

bituperios en ziza

A boca de jarro

Son las únicas dadivas

Que recibe en gratitud

No queda estancia en los espejos

Ni halagos de otras bocas

Ni siquiera el susurro armonioso

Del agua donde ahogan al pez

Madrigueras sin auxilios

Topos encaletados

Rumiadores y porcinos

En la misma cesta

Son el pan nuestro

Para ella no existe absolución

La mujer desterrada

Lleva arena en los ojos

Rutina y barbitúricos

Y estocadas de milenios

A tanta vida ausente

FESTIN DE FELINOS

Un festin de felinos

Asalta la tranquilidad

me convierte en muelle

Agijon

Y comienzo a soltar abruptos

Que salen a boca de jarro

Linchando a quien se ponga en frente

Masa amorfa llena de ilusiones

Y payasos

Queriedo ser parte

Y son solamente un trozo

De lo que un día fue

Sueña para la burla de los
amotinados

Recibe patadas y golpetazos

Se mete en el Rincón

Más provisorio

Mira las ruinas

Y los despenaderos

Indisolubles

Se bebe de adentro hacia afuera

Y arrulla despojos

Y batracios

Como si fueran bebitos

En sal muera

LA AMANTE DEL PINTOR

La amante del pintor

Posa sobre el lienzo

La boca llena de confusiones

Y el cuerpo maltrecho

Y arrapado

Tres dientes le sobran

Para soltar una sonrisa

Cruda y espeluznante

Lo que más le interesa

Es dejar las expresiones

Más sublimes

En los pinceles adiestrados

Que deslizan sobre la tela

Su rostro de maíz

Sus manos llenas de ánforas
desiertas

Y los plises imprevistos

Que surcan como garfios

Dispuestos a destronar su lozanía

La amante del pintor

Cuelga tres siglos de insomnios

Atrapando elefantes y dromediarios

Engalana un ramo de gaviotas

El afán y el sortilegio

El resalta los colores de sus labios

Carnosos y agrietados

Mientras ella permanece

Silente y confundida

Entre los trazos de la piedad

Que el majestuosamente

Le obsequia como trofeo

La amante del pintor

Aun parece que vive

Aunque su corazón de tulipán diseco

Pide en silencio

Agua para su sed

Y bayonetas de sal muera

Para el miedo.

COSTUMBRES ALCAICAS

Fueron algunas dadivas

Y mucho más martirio

No querías ser altruista

Porque solamente veías

Trombas marinas

Y costumbres alcaicas

Alguna que otra mancha de
imperfección

Y muchas décadas amontonadas

Para un egoísmo atroz

Que rompía con los cánones

Más bien creías que siendo fiero

Alcanzarías más rápido la gloria

Lo que sí puedo afirmar

Es que nunca dejaste de ser servil

Eran tu sol

O tal vez más que eso

Nunca hubo tregua

Y el galeón zarpó despavorido

Ante lo incompasivo de tu lengua

Y tus ojos de guillotina

Salpicando con fuego todo lo puro

Hubo muchas horas de hechizos

Para que negarlo

Caracolas empeñadas

En desdoblar los yelmos

Demasiado taimado

Para ese afán

De feligrés que no te queda

Por eso me regalaste toda la soledad

Que te sobraba

AL OTRO LADO DEL MISTERIO

Apasionada pensé

Que derrotaba

un hálito a la historia

Aferrándome a tus manos

Esculpidas de arcilla y lino

Sin advertir lo divisorio

Entre mi ansiedad y tu arrogancia

No vi la espada

Ni a los inescrupulosos adversarios

Jugándose a cara o cruz

El desenfreno

Apareció el León

Con las fauces

Llenas de descontento

El arcón abrió sus alas

Halado y descompuesto

No hubo tregua

Entre crueldad y clemencia

Llegamos al punto muerto

Todos en diagonal

Comenzaron

Los signos de demencia

Y sin pensarlo

Fuimos a parar

Al otro lado del misterio

SI TE ATREVES

Ven si te atreves

A colocar las piezas del tablero

Aquí ni se pierde ni se gana

La piedra es piedra

Y el hollín es hollín

Catafalcos e injurias

Pululan en permanencia

Y el retorno es la muerte

Aunque permanezca el camino

Floreado de anclas y turquesas

Nunca hubo raíz

Carne en entrega

Solamente el canje putrefacto

De la improvisada luz

Un pozo seco

Y aves de rapiñan

Escoltándonos

PECADO MAYOR

Diatribas regadas al por mayor

Calaron la parte que más duele Se
quebraron los ánimos

Y hasta el sentir vehemente

Cruzó las talanqueras

Todo amaneció a oscuras

Los ojos fuera de sus orbitas

Las heridas en salmuera

Entonando su grito desgarrado

Su desgarrado grito

Predijo que había que morir

Se había pecado en demasía

Los rapaces y los acólitos

Del santo pesquiso terrenal

Comenzaban a extraer las vísceras

Para el festín de cuervos

Ánimas del purgatorio

Arrabaleros

Y trúhanes

Asombrados de oreja a oreja

Lamían sin cansancio

Las plantas del rey de la miseria

Manoteos en pleno rostro

Historias violáceas, amarillas y gigantes

Se convirtieron en carta de presentación

Allí yacía el amor resquebrajado Con soga al cuello

Y mil puñales en acecho

ALFILERES Y POSTERGACIONES

No pienses

Qué porque me vez

Arrastrada

Sin valor para sacar el odio

Rellena de alfileres

Y postergaciones

Frente a un orgullo

Lleno de complejos

Y pesadumbres

Lanzados al por mayor

Y al por menor

Me da lo mismo

Sílabas que disparos

La claridad es mi fuerte

Y toda la corteza cerebral

Me sirve de centinela

Los dos sabemos

Que no existió compasión

Ni existe

Por eso los rubores

Y el circunloquio

De los gestos más inusuales

Más el iris pardo

De tus ojos

Embaucadores

Deseando que me conforme

Con el óxido que flota

Al compás de tu demencia

Sin valor para ver la cantera

Desbordada e inquieta

Que va haciéndose trizas

Es cierto que no llevo

Flores de lotos en el pecho

Ni una pasarela adolescente

Mucho menos falda azul

Ni senos de porcelana

No vengo de Constantinopla

Ni hablo el griego medieval

Mucho menos poseo

El cuerno de Oro y el mar de Mármara

Aunque creas

Que me cubren

Las murallas de la ciudad

Vengo de la cuarta cruzada

Donde los preludios

Son mucho más fuertes

Y el amor

Es amor

No la venganza del antílope

Ni el gemir del viento

Que azota la oscuridad

Desde ese desdén manifiesto

Que día a día me regalas.

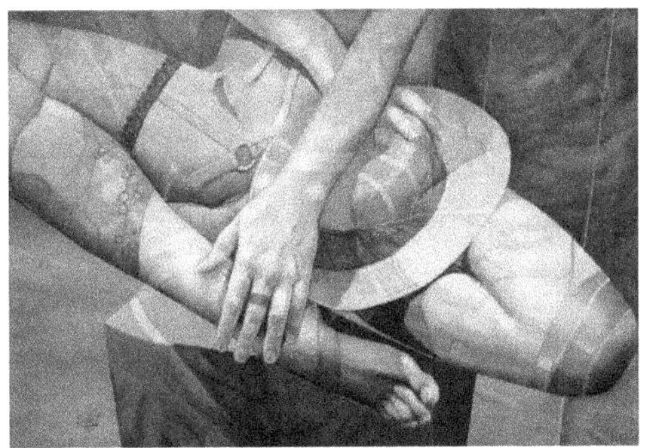

LOS HILOS DE LA DEMENCIA
POESIA
ADELA SOTO ALVAREZ

INDICE

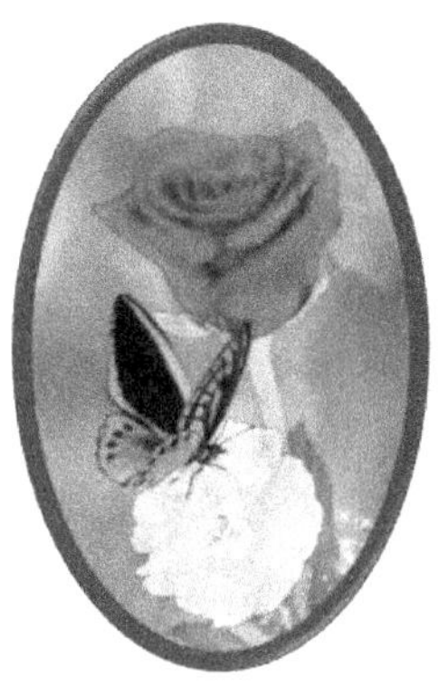

EN MI REINO DE PAPELES 7/12

MALEFICIO   11/14

PLAGA 15/19

SIN RUMBO FIJO   20/23

INGRATITUD   24/27

DONDE LA VIDA SE AMONTONA
28/30

PALOMA O BUITRE 31/32

PROFECIA 33/40

ESCOMBROS 41/43

HERRAJES   44/47

CREYENDOTE ORIGINAL 48/50

ES HORA 51/54

REALIDAD 55/57

AL FINAL 58/60

SOPLO VITAL 61/64

FRENTE AL CREPUSPCULO 65/68

CADALSO 69/72

ULTIMA CATACUMBA 73/78

CONFESION 76/78

LOS HILOS DE LA DEMENCIA
POESIA
ADELA SOTO ALVAREZ

CON LA LANGUIDEZ DE UN PERRO MANSO   79/81

CUESTIONAMIENTO 82/84

PREDESTINADA 85/88

TERRIBLEMENTE EXACTA 89/93

ENTRE SOMBRAS Y GRILLETES 94/97

TRAS LA PARED 98/103

AL VAIVEN DE LOS AZOGUES 104/106

ARSENAL DE CONFUSIONES 107/109

MUJER CONFINADA 110/112

FESTIN DE FELINOS   113/115

LA AMANTE DEL PINTOR 116/119

COSTUMBRES ALCAICAS 120/122

LOS HILOS DE LA DEMENCIA
POESIA
ADELA SOTO ALVAREZ

**AL OTRO LADO DEL MISTERIO
123/125**

SI TE ATREVES 126/127

PECADO MAYOR 128/130

**ALFILERES Y POSTERGACIONES
131/135**

LOS HILOS DE LA DEMENCIA
POESIA
ADELA SOTO ALVAREZ

9 7 9 8 6 2 9 2 3 9 2 9 1